葉 祥明 [よう・しょうめい]

画家・詩人・絵本作家。1946年、熊本市に生まれる。72年、初めての創作絵本『ぼくのべんちにしろいとり』を出版、イギリス、フランス、スウェーデンで発刊。90年、絵本『風とひょう』がボローニャ国際児童図書展グラフィック賞を受賞する。91年、北鎌倉に葉祥明美術館を開館。92年、郵政省ふみの日の記念切手にオリジナルキャラクター「JAKE」が採用される。96年、絵本『地雷ではなく花をください』(自由国民社)で日本絵本賞読者賞受賞。99年、創作絵本『森が海をつくる』(自由国民社)がけんぶち絵本の里びばからす賞受賞。主な絵本作品に、『おなかの赤ちゃんとお話ししようよ』『生んでくれて、ありがとう』『子どものこころを感じてみようよ』『育ててくれて、ありがとう』(小社)、『イルカの星』『ひかりの世界』『宇宙からの声』(佼成出版社)、『ぼくは　はちぞう』(愛育社)などがある。また、主な詩画集に、『心に響く声』『朝の光の中で』(愛育社)、『風にきいてごらん』(大和書房)などがある。

生まれた赤ちゃんとお話ししようよ

2000年11月1日　初版発行
2006年5月20日　第13刷発行

絵・文　葉 祥明　© Shomei Yoh, 2000
英 訳　高橋 愛
装 幀　水崎真奈美
発行人　植木宣隆
発行所　株式会社　サンマーク出版
東京都新宿区高田馬場2-16-11
(電) 03-5272-3166
印 刷　大日本印刷株式会社
製 本　株式会社若林製本工場

ISBN4-7631-9342-2　C0095
ホームページ http://www.sunmark.co.jp
携帯サイト http://www.sunmark.jp

あとがき

赤ちゃんは、
すでに一個の人格をもって
この世にやってきました。
小さいのは身体だけ、
経験不足や未熟さは
今回のこの人生に対してだけです。
けっして自分たち大人より、
劣った、いたらない存在だと
思ってはいけません。
赤ちゃんは、
自分の人生を生きるためだけでなく、
親を育て、導くためにも、
この世にやってきたといえます。
子供を尊いものとして、
敬ってください。
彼らの魂はすべてを承知のうえで、
親の鑑(かがみ)となってくれるのです。
あなたは、自分の子供から、
いったい何を学びますか？

葉 祥明

Memories

Notes and Pictures

Name

Date of Birth

Height

Weight

Happy Birthday!

きょうは、ぼくの１さいのたんじょうび！
パパ、ママ、ありがとう！
おじいちゃん、おばあちゃん、ありがとう！
ボク、うまれてきて、ほんとうによかった！
でんきをけして。よういはいい？
ちいさな、でも、とくべつな１ぽんのローソク。
ふーっ！

Happy birthday to me! Today I'm a year old!
Thank you, Daddy and Mommy!
Thank you, Grandpa and Grandma!
How blessed I am to have been born among you all.
Turn out the lights. Are you ready?
One little candle, a very special candle.
Make a wish, take a breath, and blow!

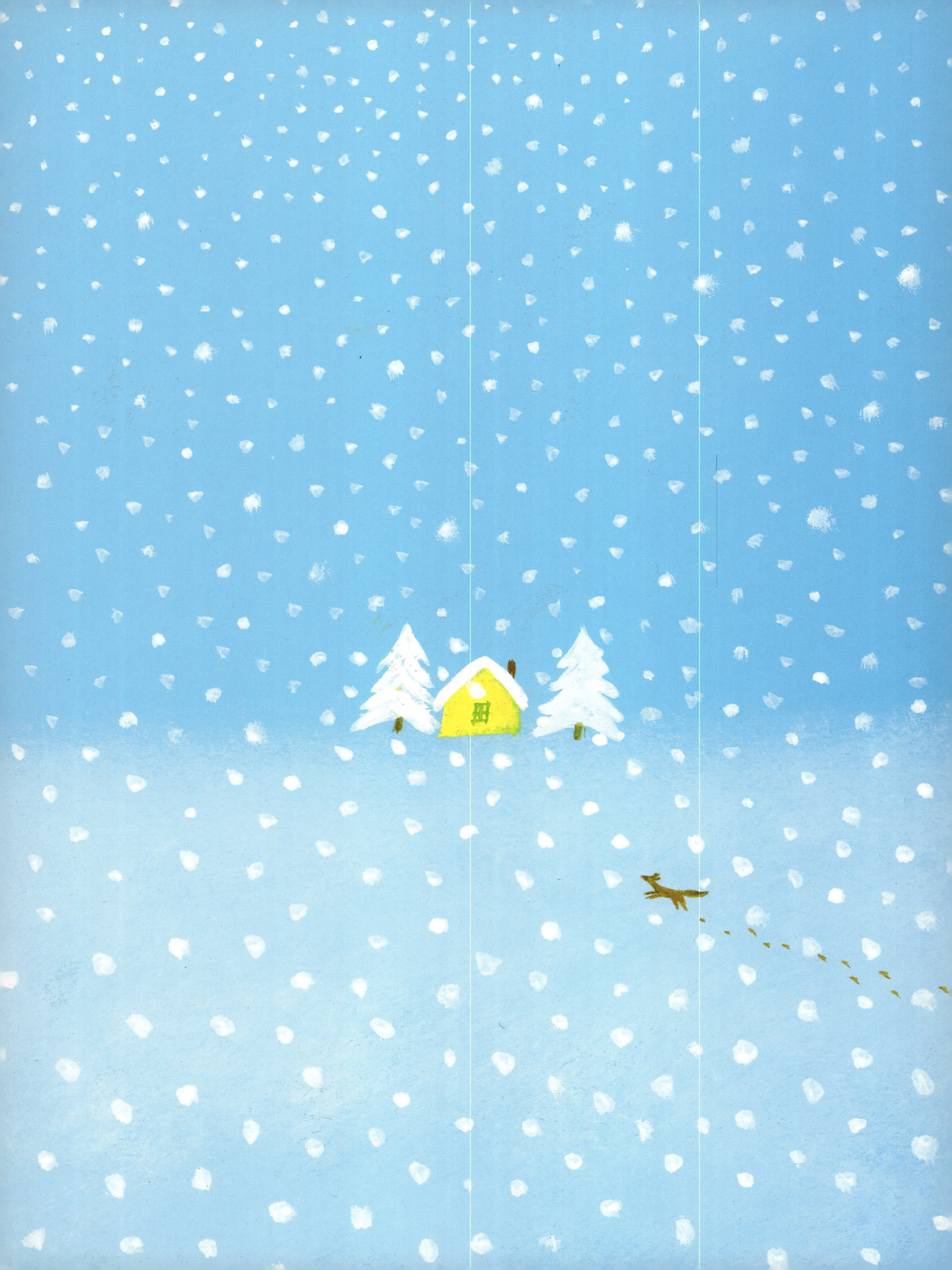

ボクがこのせかいにやってきて、
もう１ねんになる。
ママもボクもむがむちゅうで
やってきたけれど、この１ねんで
かぞくみんなのこころが、ひとつになれたね。
かんがえかたや、やりかたのちがいから、
パパとママが、ぶつかりあったこともあったけど、
どちらがただしいかってことより、
ふたりともこころからボクをあいしている、ということ。
それがいちばん、たいせつなことなんだよ。

A whole year has passed since I came to this world.
A frantic year for Mommy and me both.
But our family grew so much closer this year.
Sometimes Mommy and Daddy fought over
how to bring me up,
but it doesn't really matter who's right.
It just means they both love me that much.
And that's what's most important.

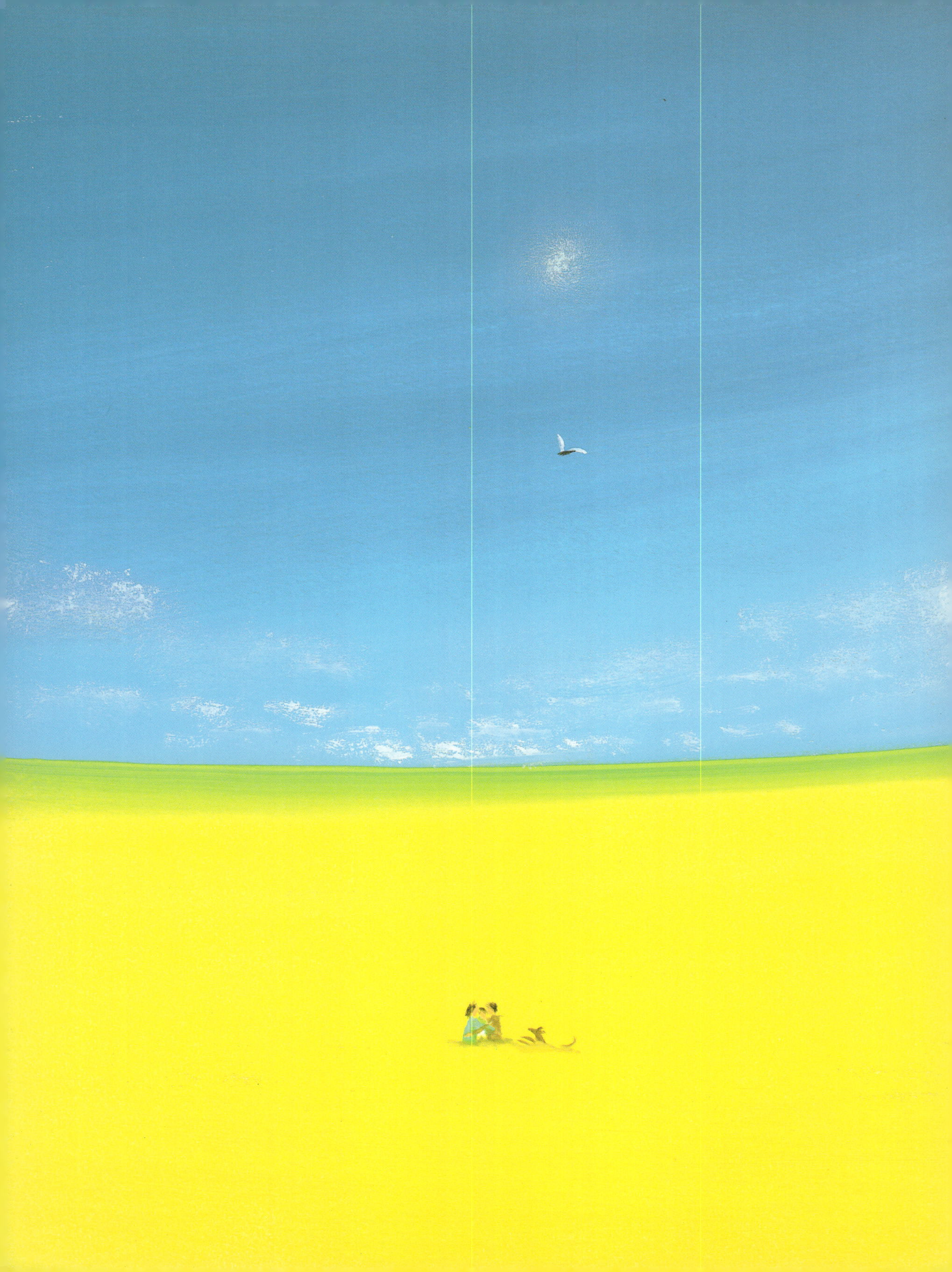

パパ、パパ、きいてる？
ママは、ボクのせわでまいにち
あさからばんまで、いそがしくしているから、
できるかぎり、ママをきづかい、そして
いろいろ、てつだってあげてね。
そうすることで、パパはすこしずつ
ちちおやになるよろこびと
せきにんにめざめるんだよ。

Daddy, Daddy, can you hear me?
Mommy has to take care of me morning till night.
Please treat her tenderly, and help her out.
That's how Daddies learn about fatherhood,
a rewarding, responsible task.

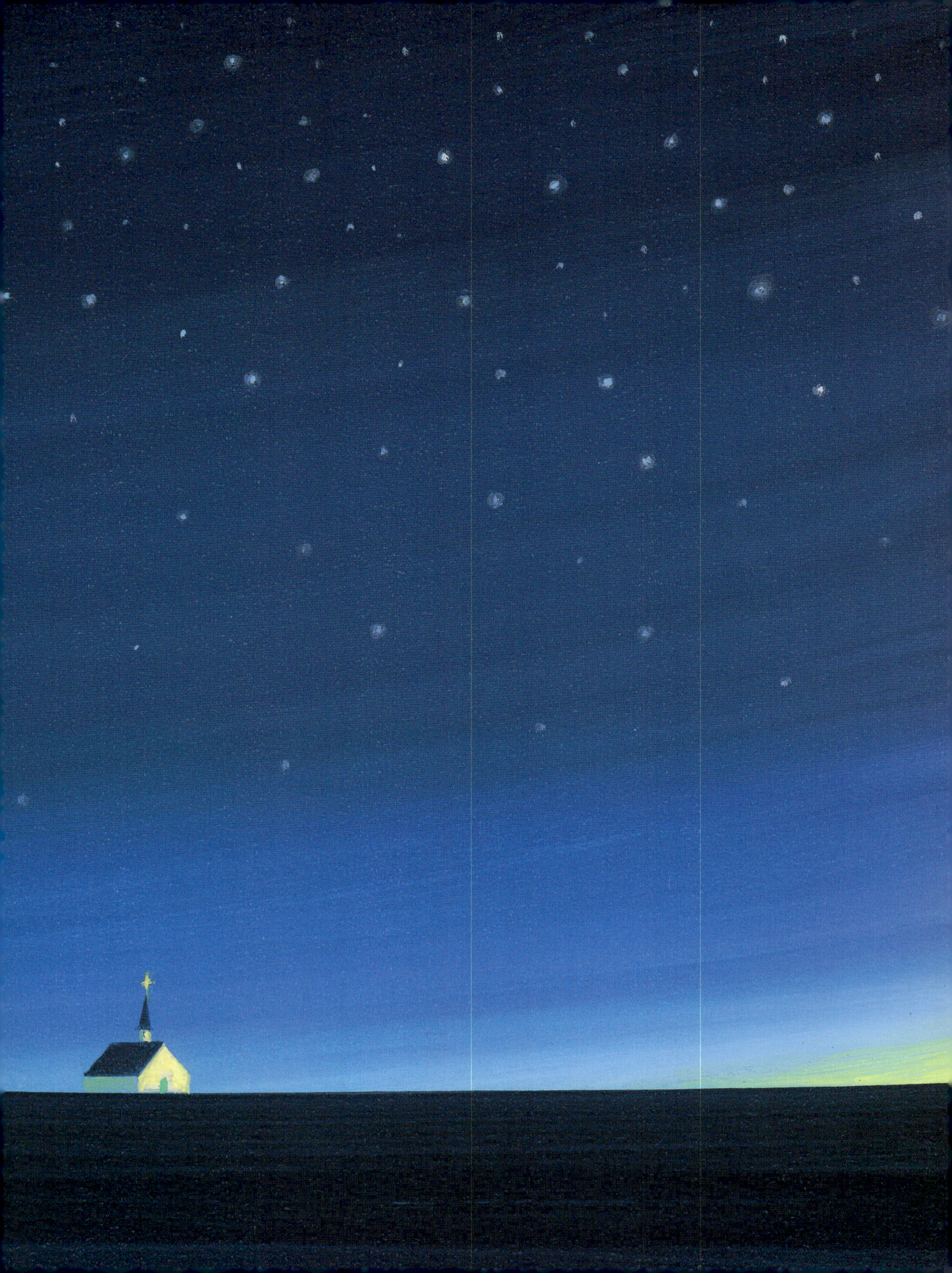

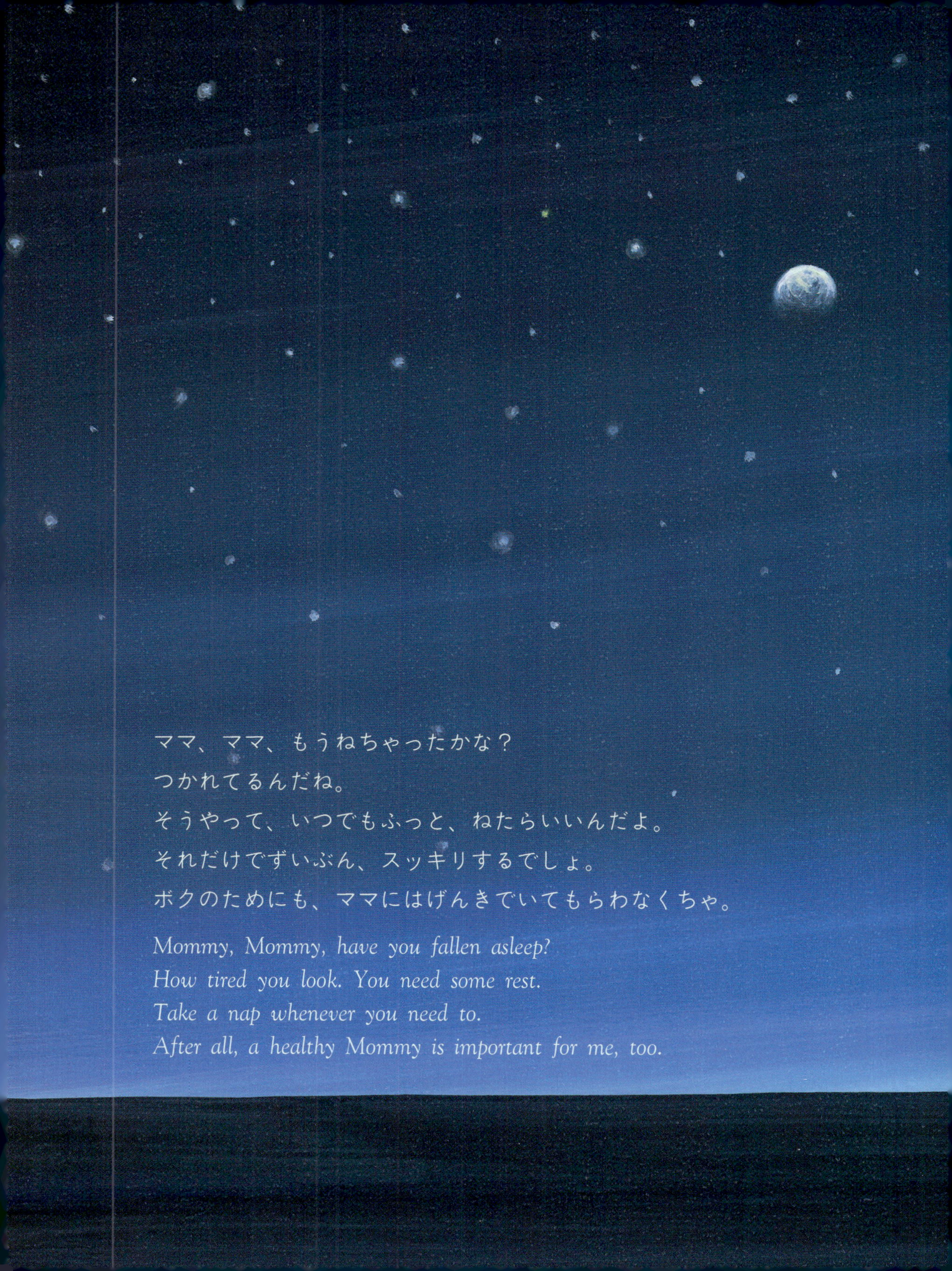

ママ、ママ、もうねちゃったかな？
つかれてるんだね。
そうやって、いつでもふっと、ねたらいいんだよ。
それだけでずいぶん、スッキリするでしょ。
ボクのためにも、ママにはげんきでいてもらわなくちゃ。

Mommy, Mommy, have you fallen asleep?
How tired you look. You need some rest.
Take a nap whenever you need to.
After all, a healthy Mommy is important for me, too.

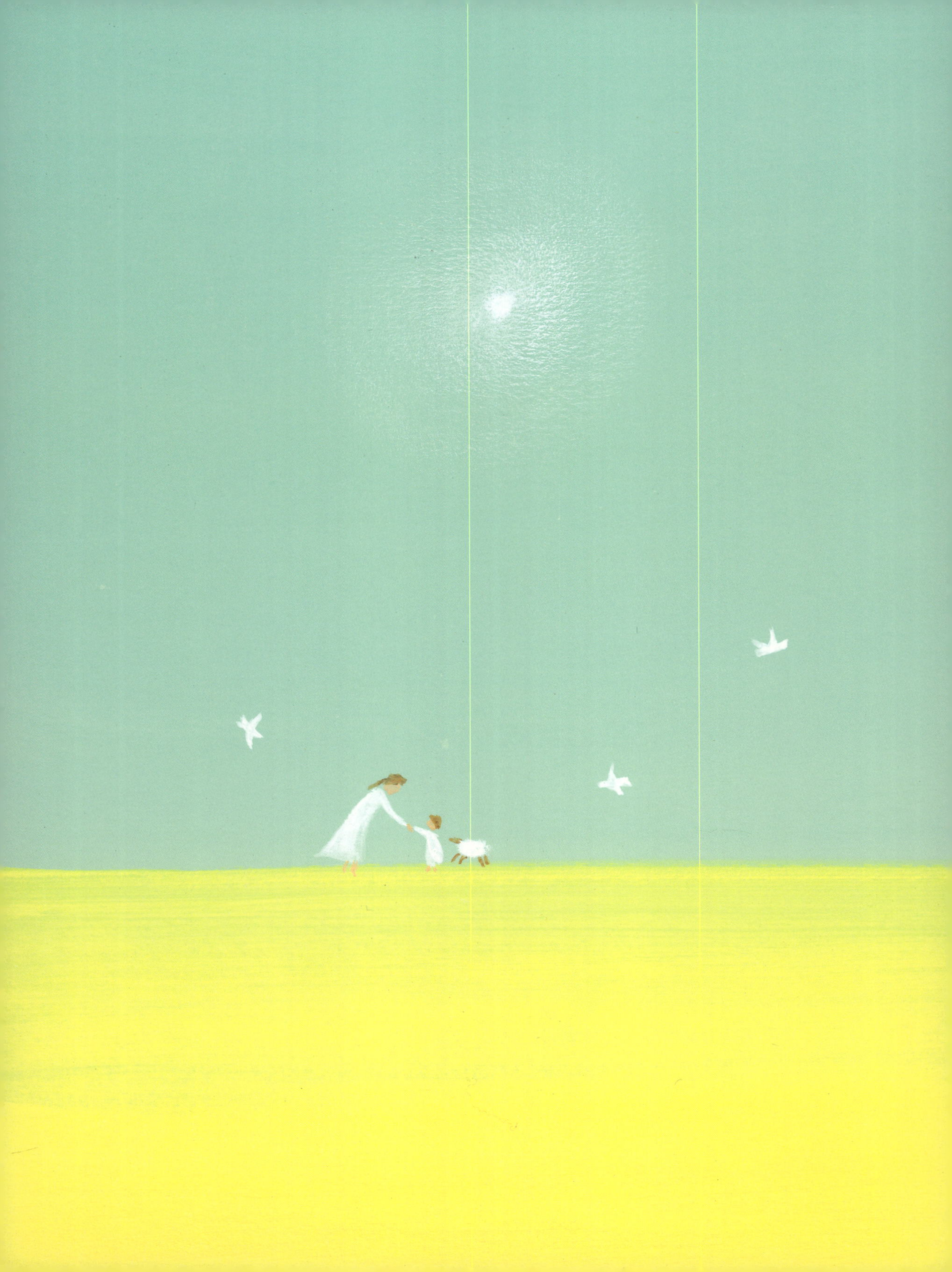

わからないことがあったら、
だれにでもたずねたらいいんだよ。
でも、いちばんいいのは、ボクにきくことさ。
ボクがどうしてほしいのか、こころでたずねれば
ボクはこたえる。こころをしずめて、ボクにきいて。
どうしてほしいの？って。

If you need to know, just ask.
You can ask anybody,
but best of all, ask me.
Ask in your heart:
"What does Baby need?"
Still your mind, and ask.
You'll hear my reply soon enough.

ありがとう。でも、ときどき、ふあんになるのよ。
そんなとき、ママはどうしたらいいかしら？

Thank you, dear. But sometimes I'm not sure.
How can I know I'm doing the right thing?

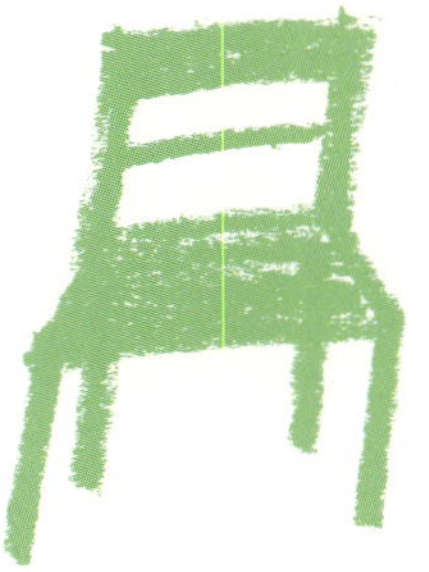

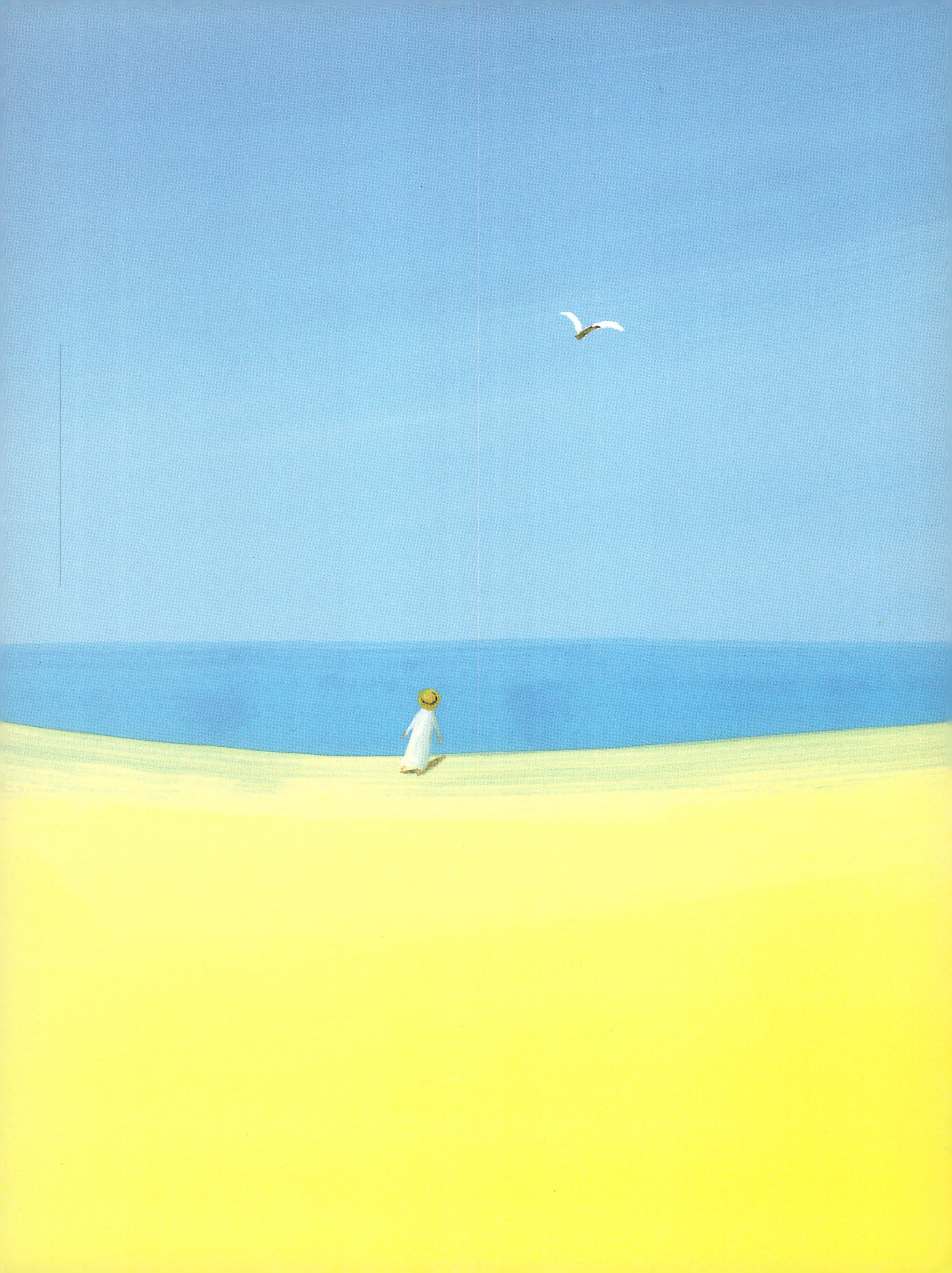

ボクは、ほかのだれでもない。ボクはボク。
ミルクをのむはやさも、からだのおおきさも、
なきかたや、ねるじかんも、せいかくや、
きもちのあらわしかたも、ほかのことはちがう。
だから、ほかのことくらべないで！
ボクはボクなんだ。
ママならわかるよね。

I'm my own special person.
How fast I drink milk, how big I am,
the way I cry, how much I sleep, the way I simply am,
the way I show my feelings, are all different.
Don't compare me with other babies, please!
I'm unique.
I know you understand, Mommy.

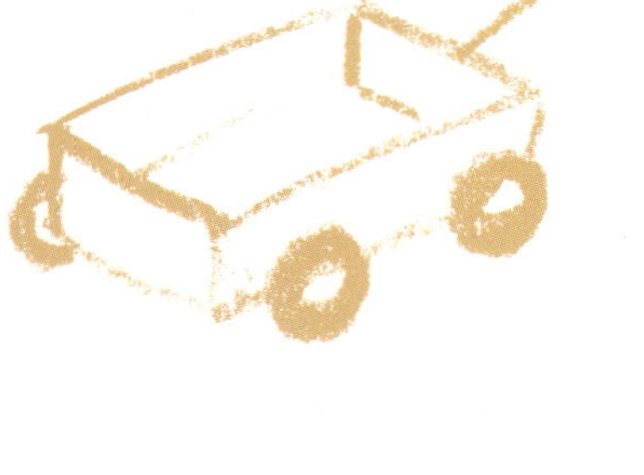

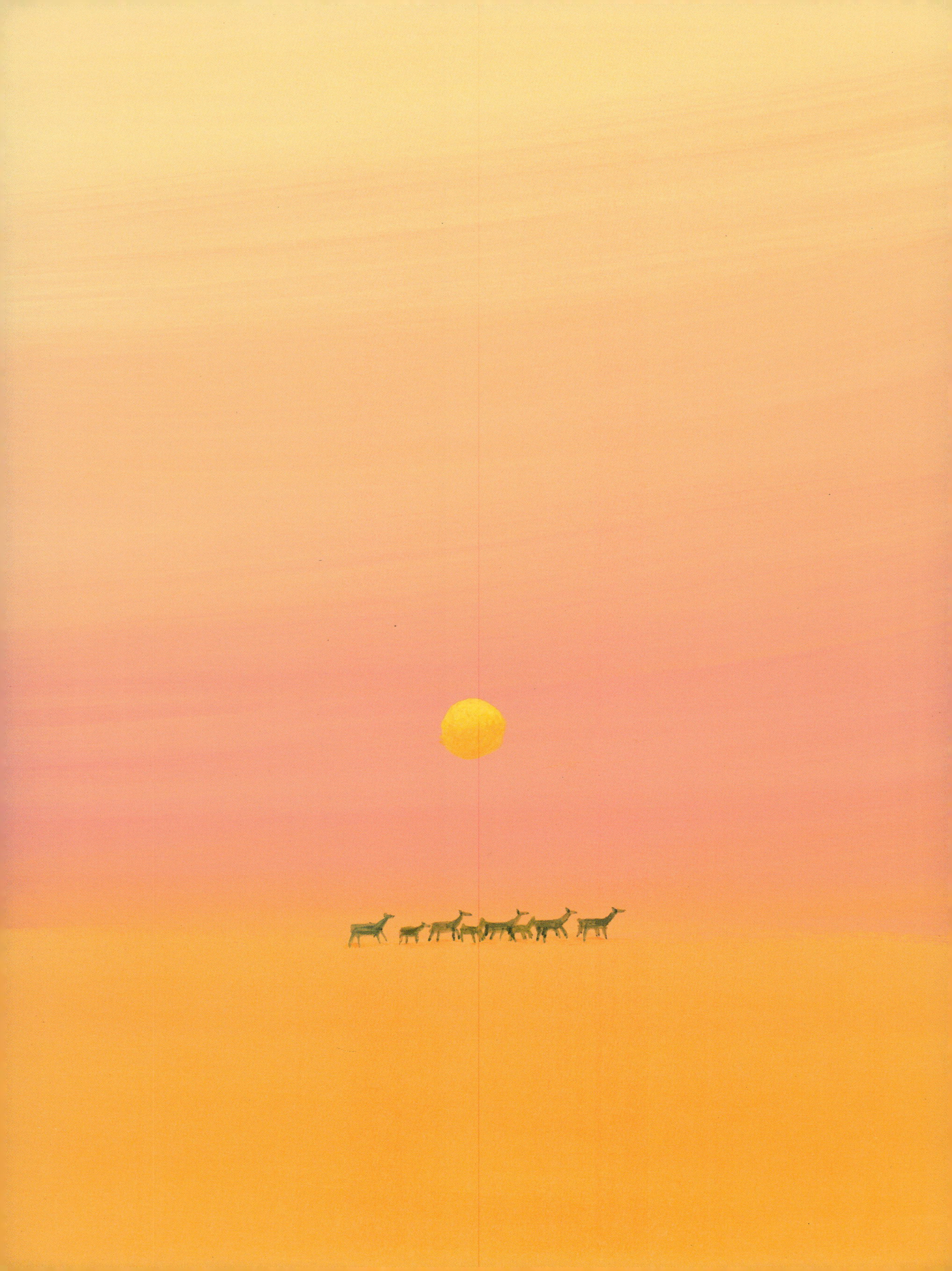

ボクのことをあいしてくれて、ボクのことを
いちばんよくわかってくれているのは、ママ。
いろんなことが、まいにち、おきるけれど、
だいじょうぶ！　じしんをもって、ボクをそだてて！

Who loves me? Who knows me best?
Mommy!
Poor Mommy, you have so much to do.
But you're taking great care of me!
You should be proud!

ボクをみて！　ほほえみながら、こえをかけて！
ボクは、それがとってもうれしいんだ。
ああ、はやく、みんなとおしゃべりして、
いろんなことをしたい！
みて、さわって、なめて、こえをだして、
てあしをばたばたさせるのは、
みんなそのためのれんしゅうなんだ。

Please look at me! Smile at me! Talk to me!
I love it when people do that.
I can't wait to speak to everyone,
and walk around, and do things!
Right now I try to see everything, and touch everything,
and eat everything, and make noises,
and kick and flap my arms around,
all because I'm practicing for the future.

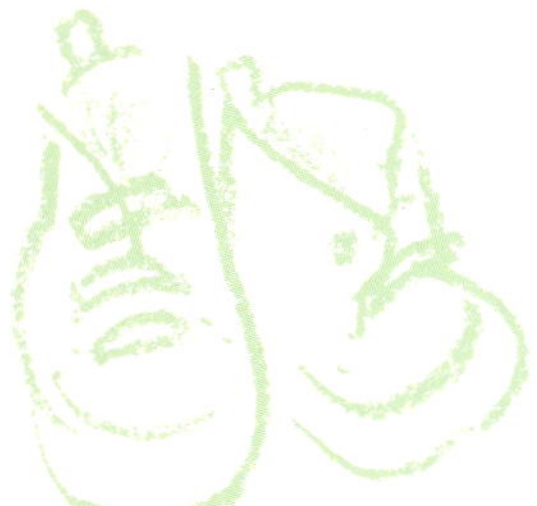

ママも、パパも、ボクをだいて！
やさしくだかれるのって、だいすきさ！
だかれることで、ボクはあんしんして、
せいちょうすることができる。
おたがいのこころをながれるあいは、
ボクにとっても、たいせつなえいようなんだよ。

Mommy! Daddy! Please hold me! Please cuddle me!
I just love being held and cuddled!
If I'm hugged a lot, I'll grow up feeling secure.
The love that flows between us nourishes me,
as much as food does.

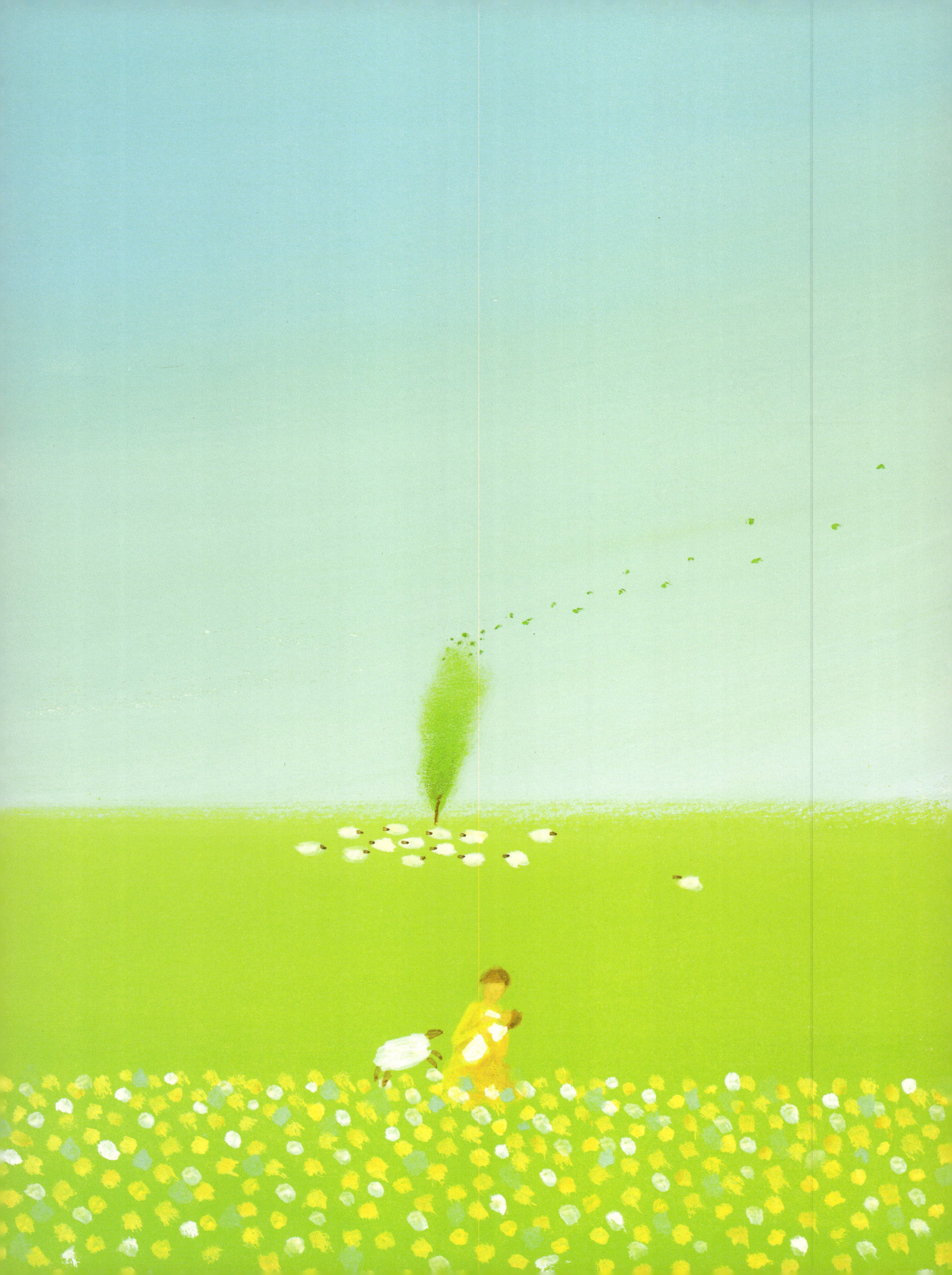

ボクは、のむ。ゴク、ゴク、ゴク。
あったかくて、まろやかな、ママのおちちがだいすき。
でも、ママのおちちがでなくなったら、
それは、もういいってこと。
そしたら、せいけつなほにゅうびんで
あたためたミルクをちょうだい！
ママがやさしく、あいをこめてのませてくれれば、
それは、ママのおちちと、おんなじことなんだよ。

Sometimes, I drink milk. Gulp, gulp.
Mommy's milk is warm and good.
But if Mommy's breast milk stops, that's all right, too.
Please heat up a clean bottle of milk for me.
Breast-fed, bottle-fed... there's no difference
if I'm fed with plenty of love.

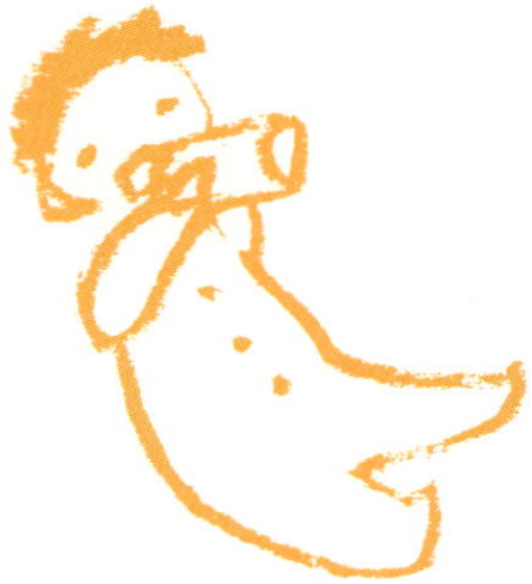

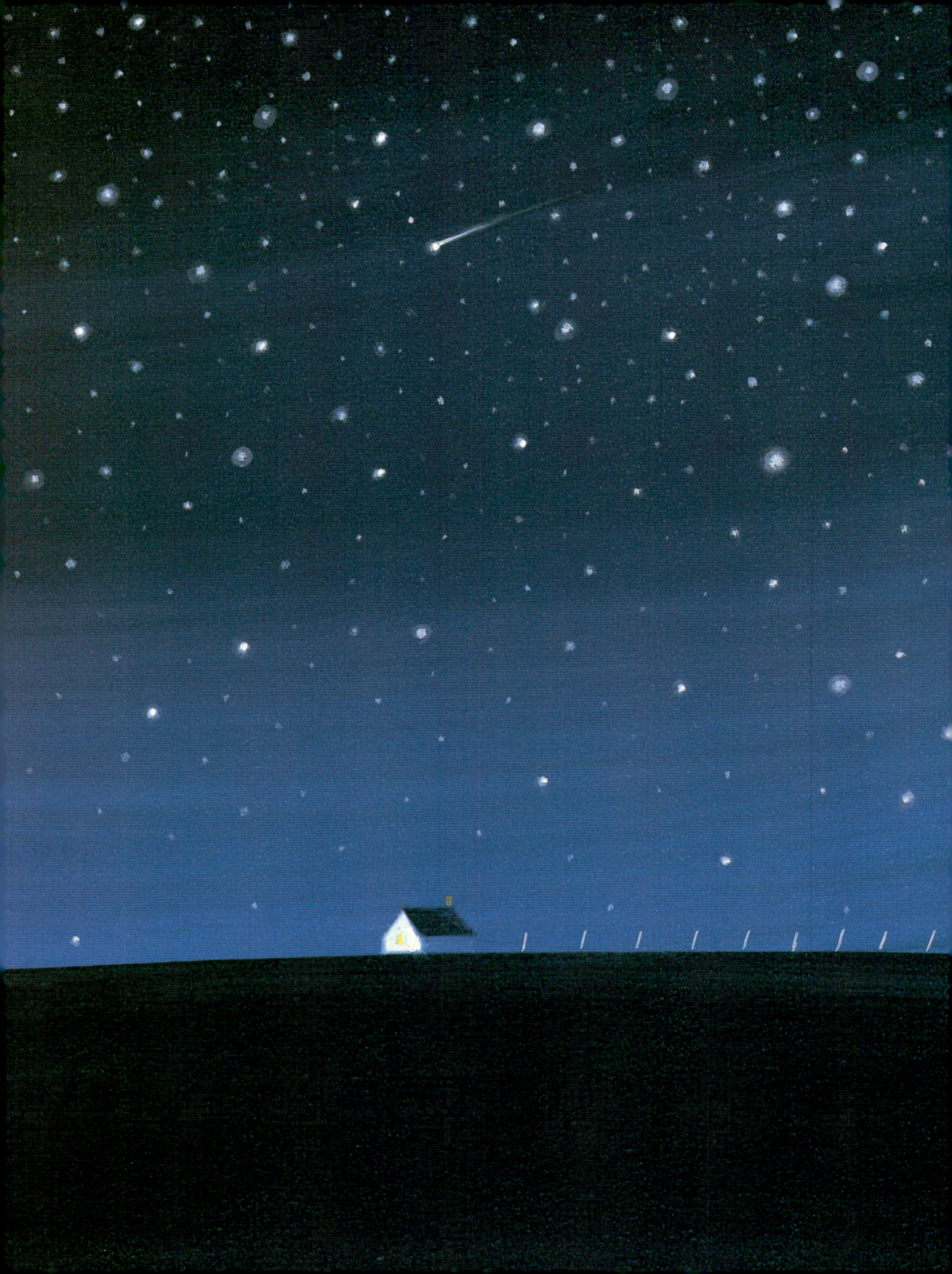

ボクは、ねる。よくねる。ねてるあいだに
ボクのからだは、おおきく、つよくなっていくんだ。
ねてるあいだに、ゆめもみるよ。
おなかにいたときのこと、うまれてからのこと、
それからふしぎなゆめも。
それは、ボクのこころと、のうのトレーニングでもあるんだ。

Sometimes, I sleep.
I sleep a lot, because while I sleep,
I grow bigger and stronger.
And while I sleep, I also dream.
I dream about the time I spent in the womb,
about the time since I was born,
and lots of other strange things, too.
These dreams help my heart and mind develop.

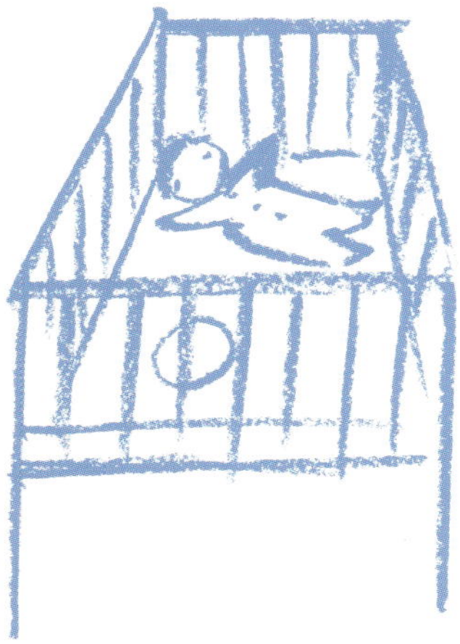

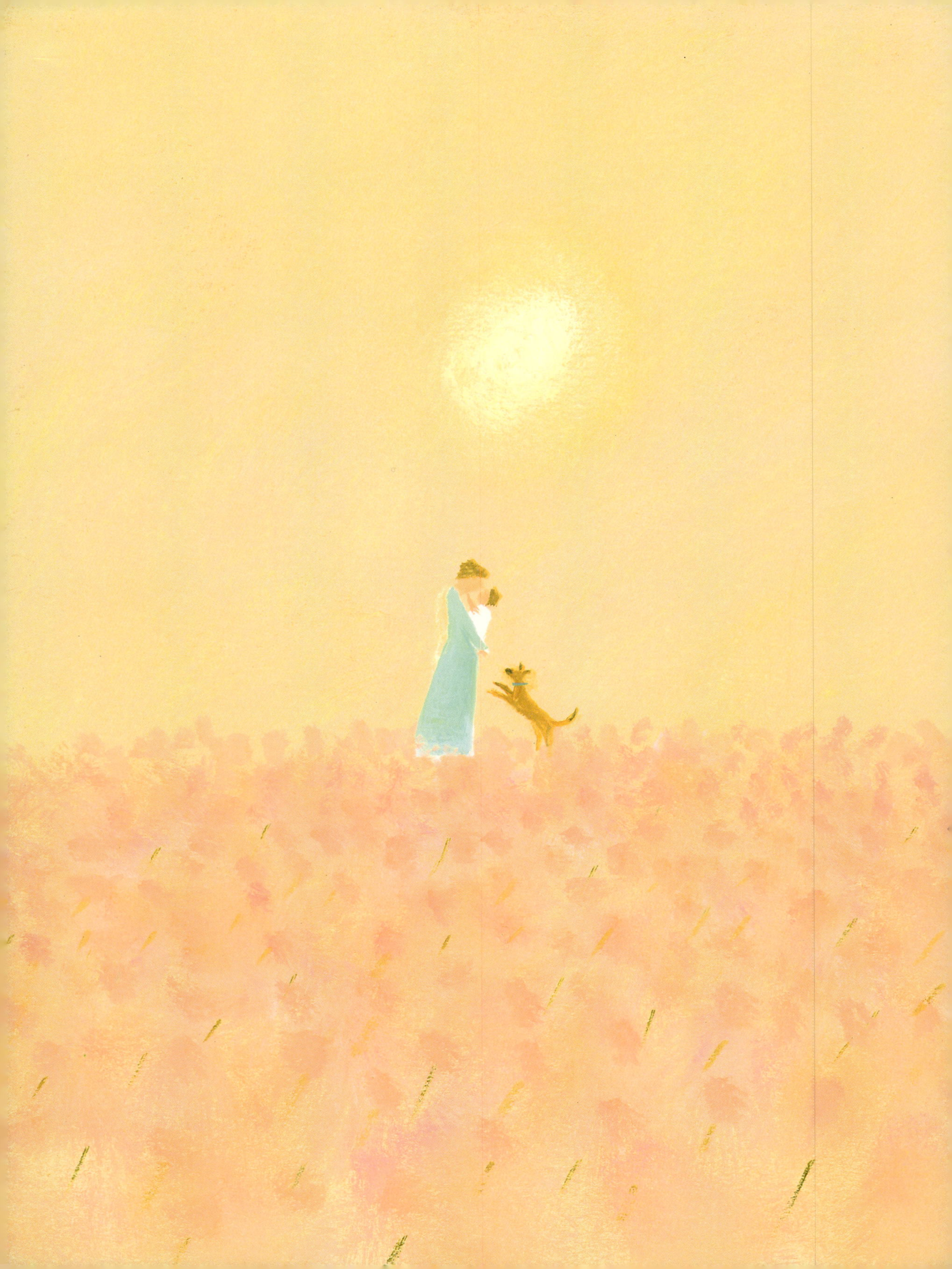

ボクのなきごえには、いろんないみがある。
よおく、きいて、そのちがいをわかって。
そして、ボクがしてほしいことに、こたえて。
ボクにとって、それは、みんなやこのせかいが、
ボクをたいせつにおもっている、あいしてくれている
というしるしなんだ。
それって、すごくたいせつなことなんだよ。

I cry for many reasons.
Listen closely, and you can hear the difference.
If I cry for something, please tend to me.
When somebody responds,
I feel cherished and loved
by that person, and by the whole world.
This is very important to me.

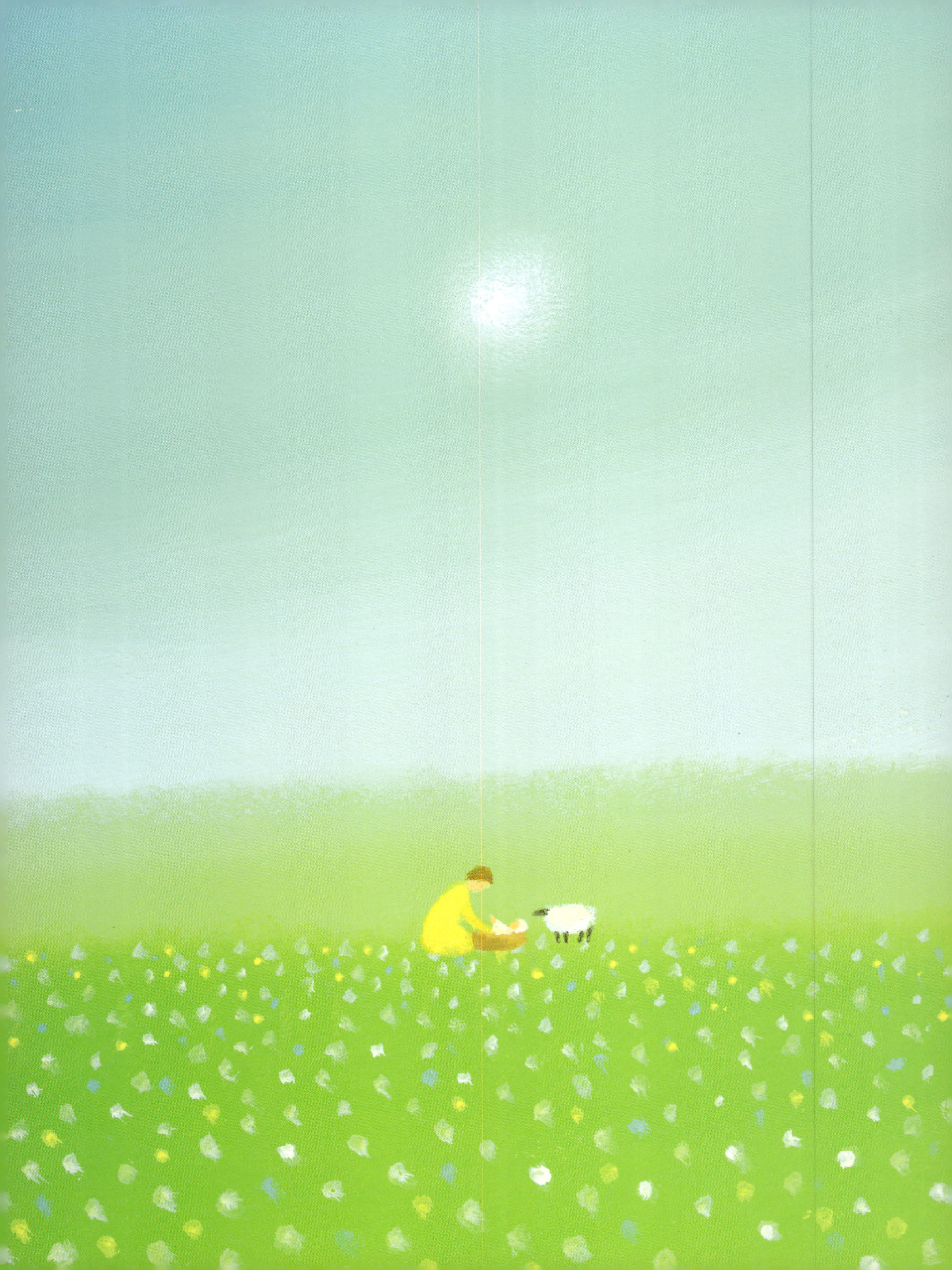

ボクは、なく。おなかがすいたとき、
おしめがぬれたり、いやあなかんじのとき、
いたいとき、あついとき、さみしいとき、
ボクはなく。ときには、つまらなくて。
ときには、うんどうのために、なく。
そして、なくことで、このせかいにせんげんする。
ボクはボクだ！　ボクはここにいるぞ！って。

Sometimes, I cry.
When I'm hungry, when I'm wet,
when there's something I don't like.
When I hurt, when I'm hot, when I'm lonely, I cry.
Sometimes, I cry because I'm bored.
Sometimes, I cry because it's good exercise.
And when I cry, this is what I'm telling the world.
Here I am! I'm a very special person, you know!

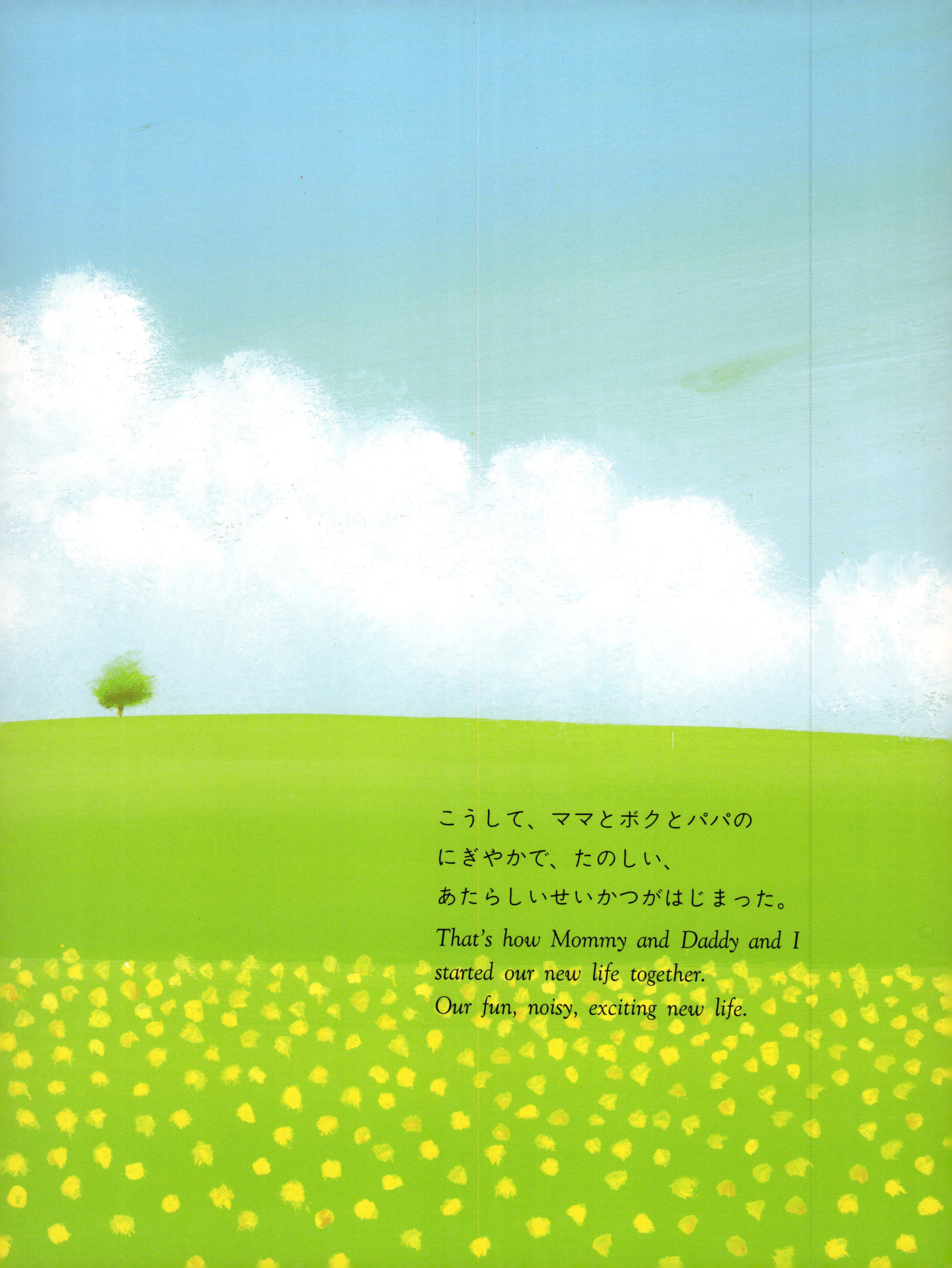

こうして、ママとボクとパパの
にぎやかで、たのしい、
あたらしいせいかつがはじまった。

*That's how Mommy and Daddy and I
started our new life together.
Our fun, noisy, exciting new life.*

きょうは、おうちにかえるひ。
うれしいな。ワクワクするよ。

Today we're going home.
I can't wait to see where we're living.

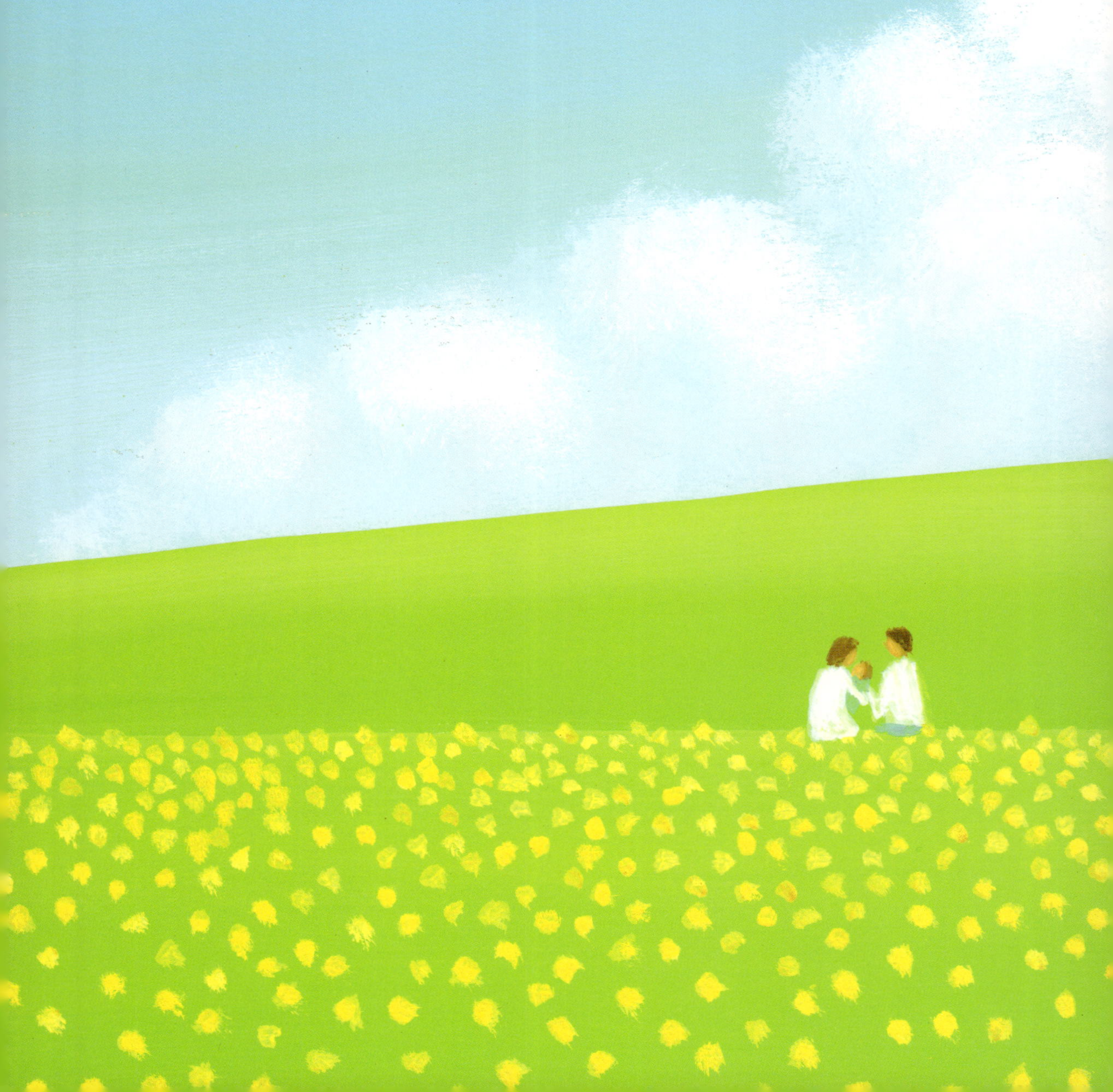

ボクがこのせかいにきて、さいしょにかんじたのは
まぶしいってことと、ひんやりしたくうき。
そして、いろんなおとや、たくさんのもの。
そして、ひとりぼっちにされたときの、ふあん。
でも、ママとパパがいるから、ボクはあんしん。
ママもしばらく、ゆっくりからだをやすめてね。

What did I first see and feel in this world?
A dazzling brightness, a rush of cold air.
So many noises, so many things.
And fear. Fear that I'm alone in a strange new place.
But with Mommy and Daddy close by, I'm all right.
So Mommy, don't worry about me.
Please rest yourself for a while.

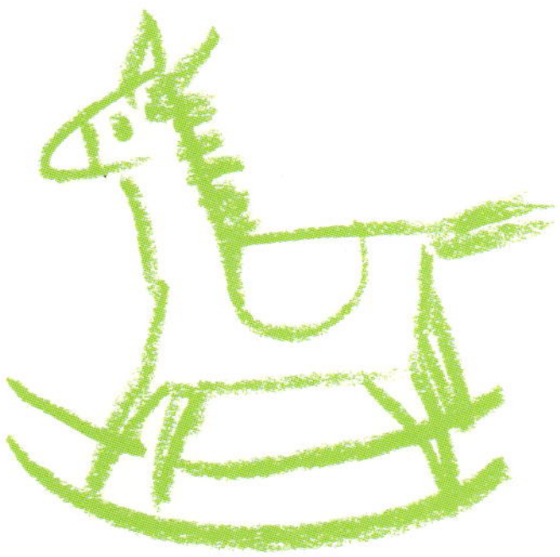

あなたは、わたしとパパの、たいせつなたからものよ。

Dear baby, you are Mommy and Daddy's greatest treasure.

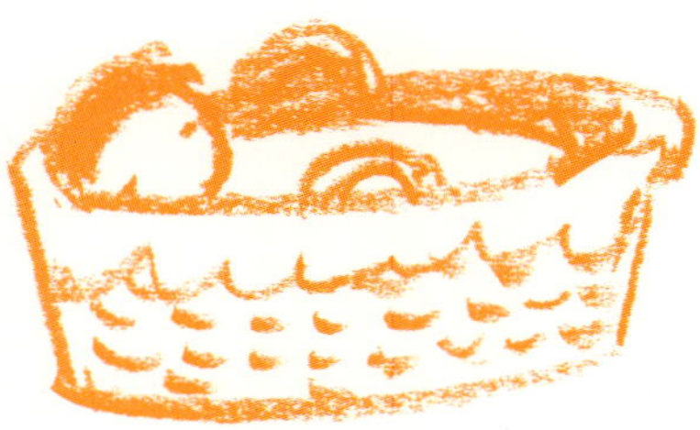

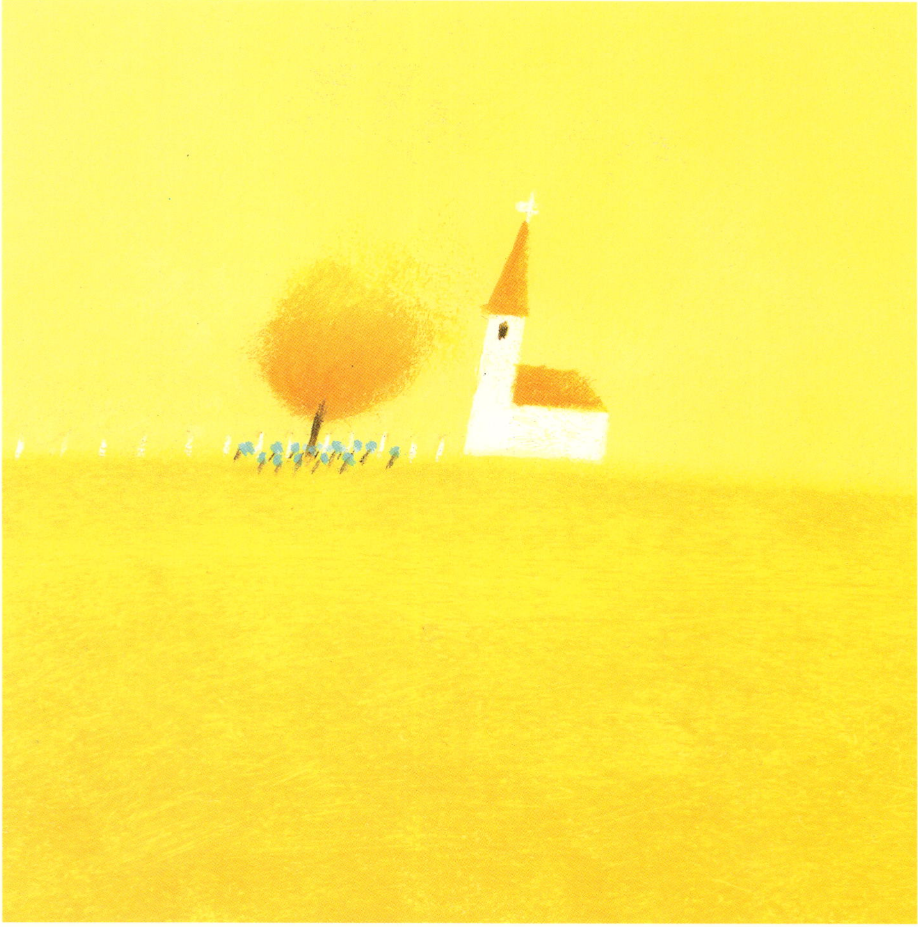

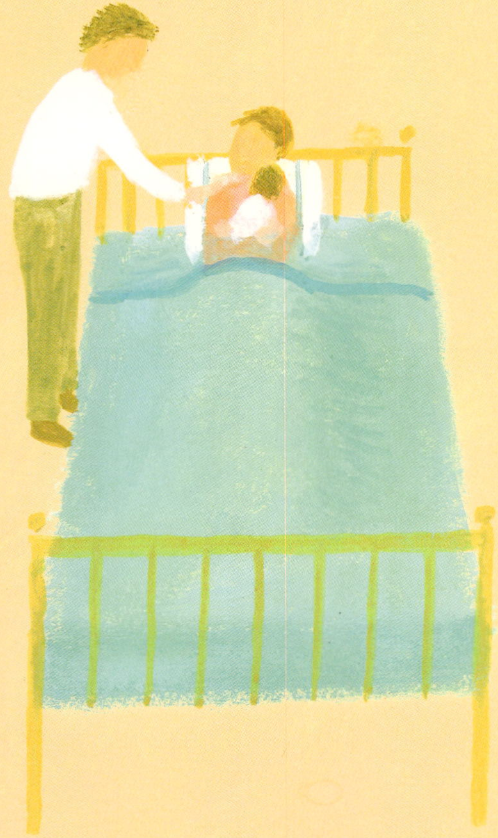

ママにだかれると、
あったかくて、やわらかくて、とてもあんしん。
あせびっしょりのママが、ほほえんでいる。
やさしいこえで、かわいいといってくれている。
パパもなみだをうかべて、よろこんでいる。
よかった……。ふたりとも、ボクのこと、
こころから、かんげいしてくれているんだ！

Mommy holds me in her arms.
She's warm and soft, and I feel safe.
Her tired face smiles at me.
Her sweet voice tells me I'm beautiful.
And here's Daddy, laughing and crying at the same time.
I'm really glad I came here...
They look thrilled to see me!

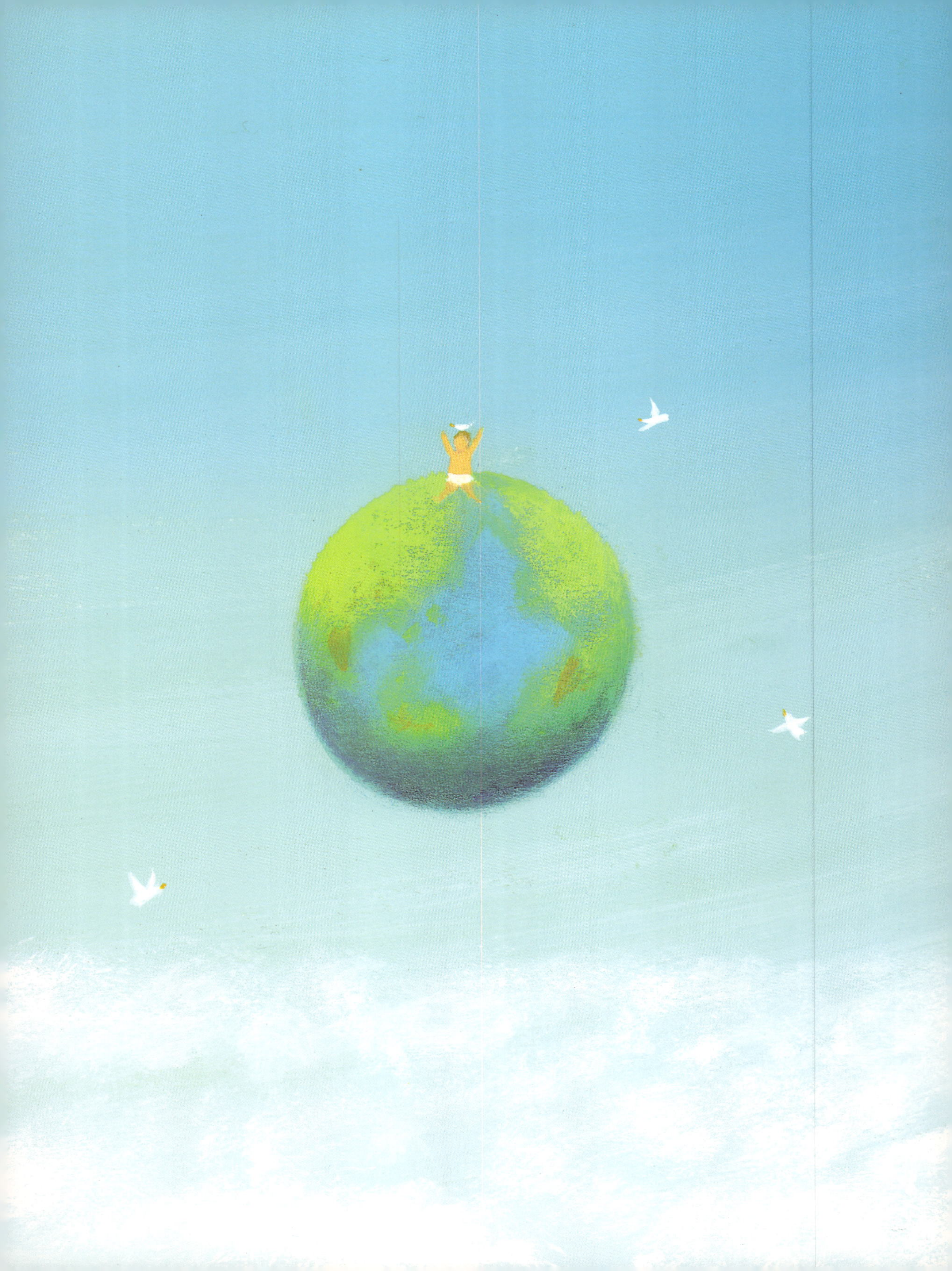

おぎゃー！　ボクはおもわず、さけんだ。
ボク、うまれたよ！　ついにやったんだ！
いのちがけでボクをうんでくれたんだね。
ママ、ありがとう！

Waugh! I let out a great cry.
I'm here! Your newborn baby!
You risked your life to give me my life.
Thank you, Mommy. Thank you so much.

ママのこきゅうと、ボクのうごきがぴったりあって、
せまいトンネルをすこしずつ、すこしずつ、すすむ。
あたまがそとにでた！　まぶしい！
ママ、もうすこしだよ。がんばって！

Mommy, are you ready?
I'll move in time to your breathing.
Push, push! Down the tight tunnel I go.
Yes! My head is out! It's so bright!
Watch out, Mommy, I'm almost there!

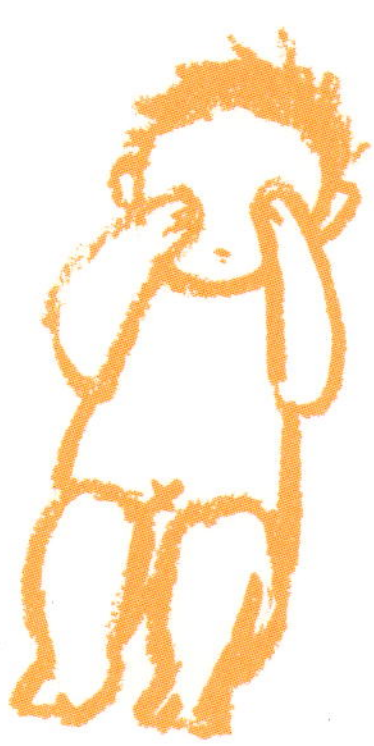

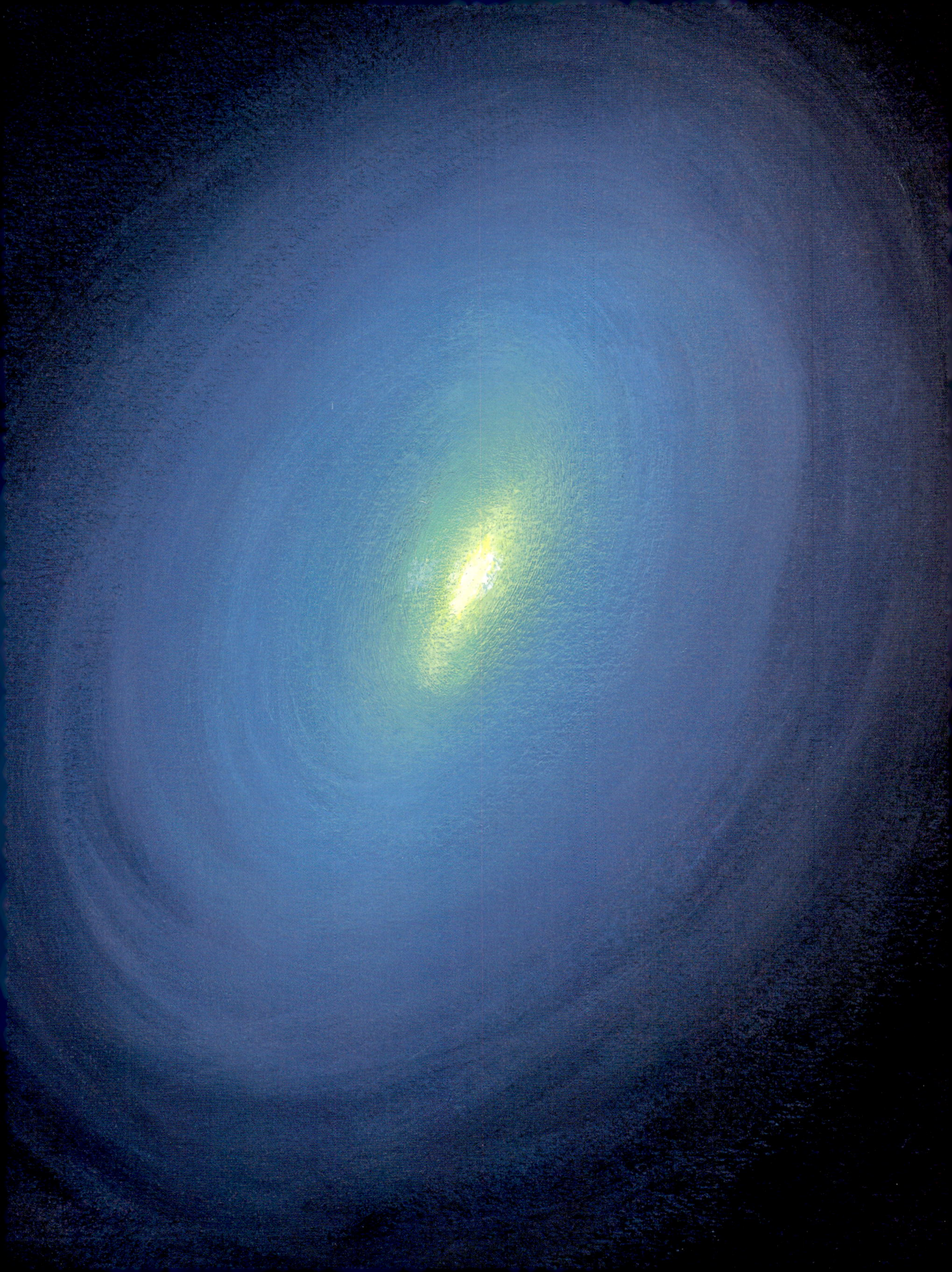

ボクをそとにおしだそうとするちからと
そとにでようとするボクのきもちがひとつになって、
ママのおなかにへんかがおこりはじめた。
くるりとさかさまになってみると、したのほうに
くらいトンネルがつづき、とおくにぼんやりと、
あかりがみえる。

Something changes in the womb.
It's driving me out.
It helps me along as I search for an exit.
I turn upside down, and look!
There's a long, dark tunnel.
Way down below, I can see a faint light.

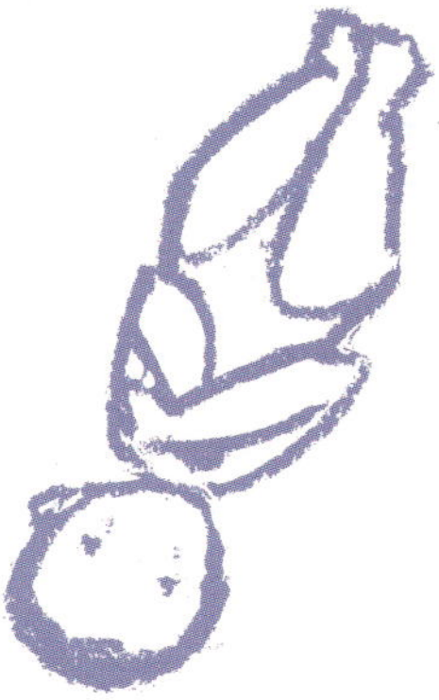

Baby's Message

生まれた赤ちゃんとお話ししようよ

絵・文 葉 祥明 Yoh Shomei

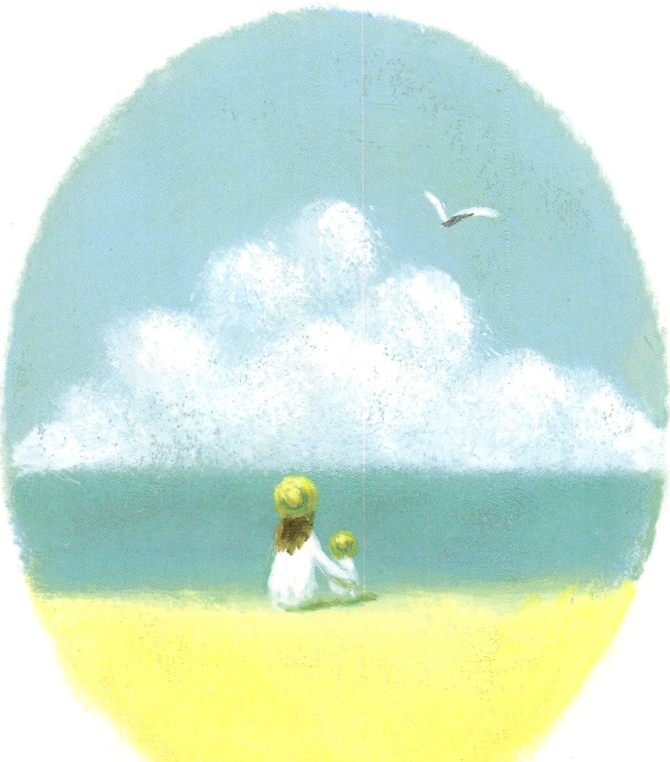

サンマーク出版

ママ、いよいよ、そのときがきたみたいだよ。
ママのおなかから、ボクがでるひがきたんだ！

Mommy, I think the time has come.
I'm ready to go out into the world at last!

あなたの赤ちゃんは、この世で唯一無二の
素晴らしい魂の存在です。

人生の最初期の親子関係は
一生を通して影響しつづけます。
赤ちゃんが自分は愛され、
大切にされていると思えるかどうかで、
その子の人生は大きく違ってきます。

この子育ての日々は足早に去っていき、
しかも二度と還ってはきません。
いかに苦労が多く、大変なものであろうと、
将来、必ずや懐かしい思い出となり、
おたがいの人生の輝かしい宝物となるでしょう。

さあ、あなたの赤ちゃんをやさしく抱きしめて、
やわらかな愛をじんわりと感じてください。
そのとき、あなたの心に浮かんでくること、
それこそが、赤ちゃんからの愛のメッセージなのです。